Elleen Clarindale Hinsdale, Elleen Clarindale Hinsdale

Ueber die Wiedergabe des lateinischen Futurums bei den althochdeutschen Uebersetzern des 8.-10. Jahrhunderts

Elleen Clarindale Hinsdale, Elleen Clarindale Hinsdale

Ueber die Wiedergabe des lateinischen Futurums bei den althochdeutschen Uebersetzern des 8.-10. Jahrhunderts

ISBN/EAN: 9783743489028

Hergestellt in Europa, USA, Kanada, Australien, Japan

Cover: Foto ©Lupo / pixelio.de

Manufactured and distributed by brebook publishing software
(www.brebook.com)

Elleen Clarindale Hinsdale, Elleen Clarindale Hinsdale

Ueber die Wiedergabe des lateinischen Futurums bei den

althochdeutschen Uebersetzern des 8.-10. Jahrhunderts

Ueber

die Wiedergabe des lateinischen Futurums

bei den

althochdeutschen Uebersetzern des 8.–10. Jahrhunderts.

Inaugural-Dissertation

zur

Erlangung der Doctorwürde

der

hohen philosophischen Facultät der Georg-Augusts-Universität zu Göttingen

vorgelegt von

Ellen C. Hinsdale,

aus Ann Arbor, Michigan.

Göttingen 1897.

Druck der Dieterichschen Univ.-Buchdruckerei

(W. Fr. Kaestner).

Tag der mündlichen Prüfung 12. Februar 1897.

Referent: Herr Professor H e y n e.

Meinen lieben Eltern

in Dankbarkeit gewidmet.

1 *

Vorbemerkung.

In der Ausbildung des Verbums hat das Germanische starke Einbusse gelitten. Wir finden die Formenclassen, die wir Tempora nennen, bis auf zwei, Präsens und Präteritum beschränkt. Mit dem Imperfectum, dem Aorist und dem Plusquamperfectum ist auch das Futurum vollständig untergegangen. Diese letztere verloren gegangene Zeitform zu ersetzen boten sich zwei Mittel: 1. Die Umschreibung. 2. Die Anwendung des Präsens mit futurischer Bedeutung, welches das gebräuchlichere war. So übersetzt Wulfila im Gotischen das griechische Futurum gewöhnlich mit dem einfachen Präsens. Zuweilen versucht er auch die Umschreibung vermittelst des Präsens eines Hilfverbums.

Im Althochdeutschen geschieht die Bezeichnung zukünftiger Ereignisse im ganzen wie im Gotischen. Zuerst war das futurische Präsens das allgemeine Ausdrucksmittel. Nach und nach fängt die Umschreibung an, wird häufiger im Mhd., bis im Nhd. w e r d e n mit dem Infinitiv alle anderen Umschreibungsformen verdrängt.

Obgleich für den Verlust im allgemeinen ausreichender Ersatz gefunden ist, fehlt es doch nicht an Gelegenheiten, wo er als Mangel sich fühlbar macht. Besonders ist dies der Fall in Uebersetzungen aus Sprachen, in denen eine besondere Form des Futurums

vorhanden ist, und dies führt uns zu dem Thema der
vorliegenden Dissertation: welche Mittel gebrauchten
die althochdeutschen Uebersetzer in den einzelnen
Fällen, um futurische Begriffe der lateinischen Ori-
ginale auszudrücken?

Die Antwort auf diese Frage wird in der folgenden Ordnung gegeben werden.

   I. Gebrauch des einfachen Präsens mit futurischer
      Bedeutung.

  II. Veränderung der Construction.

 III. Futurumschreibungen.

 IV. Das Futurum Exactum.

  V. Die Conjugatio Periphrastica.

 VI. Gebrauch der Präsensform der Verba Perfectiva
      zum Ersatz des fehlenden Futurs.

Alle fünf Punkte werden bei jedem einzelnen
Denkmal der Reihe nach untersucht werden.

A.

Tatian.

Der Uebersetzer oder vielmehr die Uebersetzer
des Tatian waren offenbar keine Sprachkünstler. In
der Umgangssprache fühlten sie den Verlust des Futurums nicht, und in ihrer Uebersetzung gaben sie
sich wenig Mühe das lateinische Tempus zur Gel-
tung zu bringen. Es kam ihnen in den meisten Fällen gar nicht darauf an, die Zukunft besonders zu betonen, und sie begnügten sich daher mit dem geläu-
figen Indicativus Präsentis. Doch finden sich eine
Anzahl Beispiele in denen eine andere Ausdrucksweise
angewendet ist.

   I. Das einfache Präsens.

   1. Futurum activum.

   2, 5 thîn quena Elysabeth gibirit (pariet) thir sun,
inti nemnis thu (vocabis) namon Johannem.

14, 17 uuaz tuomes? = quid faciemus?

47, 3 ih quimu inti giheilu inan (veniam et curabo).

90, 5 uuelih uuehsal gibit (dabit) man furi sîna sêla.

243, 2 in mînemo namen diuvala uuerfent (eicient), niuuên zungôn sprehhent (loquentur), nâtrun nement (tollent).

Weitere Belege finden sich 108, 2; 139, 5; 145, 2; 172, 2; 218, 5; 236, 3 u. s. w.

2. **Futurum passivum.** Wesan und uuerdan mit dem Particip Präteriti sind ohne Unterschied angewendet.

3, 7 thaz uuirdit ginemnit (vocabitur) gotes barn.

4, 17 thû kneht uuîzago thes hôhisten bis thû ginemnit (vocaveris).

110, 3 ther sih giôdmotîgôt uuirdit ufarhaban (exaltabitur).

133, 10 thurah mih oba uuer ingengit, ther ist giheilit (solvabitur) u. s. w.

3. **Gebrauch des Adverbiums thanne.**

Wustmann in seiner Schrift „Verba Perfectiva, namentlich im Heliand" macht aufmerksam auf den häufigen Gebrauch des Adverbiums der Zeit than, das der Helianddichter mit Vorliebe zusetzt, um die zukünftige Zeitstufe dem Präsens beizufügen (vgl. Seite 93). Die Tatianübersetzer bedienen sich dieses bequemen Mittels auch gern, wie die folgenden Beispiele beweisen:

113, 1 thanne biginnet ir ûze stân = incipietis foris stare.

113, 2 inti sint thanne thie jungiston, thie dâr êr uuârun êriston, inti sint thanne êriston thie dâr êr uuârun jungiston = et ecce sunt novissimi qui erunt primi, et sunt primi qui erunt novissimi.

124, 4 uuaz tuot her thanne? = quid faciet?

133, 13 inti ist thanne ein euuist inti ein hirti = et fiet unum ovile et unus pastor.

145, 5 inti sint thanne suhtî inti hungarâ = et erunt pestilentiae et fames.

152, 2 inti thanne zisceidit her sie = separavit eos.

II. Veränderung der Construction.

1. Wo das lateinische Futurum ein Verbot oder einen Befehl einschliesst, ist der Imperativ viermal angewendet.

26, 1 ni uuis manslago = non occides.

28, 1 ni furligi thih = non moechaberis.

30, 1 ni fursuueri thih = non perierabis.

32, 1 habe in hazze thînan fîant = odio habebis.

In anderen Fällen ist das Original durch den Conjunctiv wiedergegeben.

30, 4 noh bî thînemo houbite suuerês (juraberis).

34, 1 thanne ir betôt, ni sît (eritis) thanne sôso thie lîhhizarâ.

90, 4 ni sî dir daz! = non erit tibi hoc.

106, 2 ni slahês, ni huorôs, ni tuês thiuba, ni quedês luggi giuuiznessi = non occides, non adulterabis . . . . . .

2. Der Conjunctiv des Wunsches kommt öfters vor, wo das Original diesen Begriff nicht enthält.

33, 3 inti thîn fater, thie iz gisihit in tougalnesse, gelte dir (reddit tibi). Dies ist mit 34, 2 zu vergleichen, wo das Futurum durch das Präsens und thanne übersetzt ist: inti thîn fater giltet thir thanne. Auch 35, 2 ohne thanne.

112, 3 ni sî iz so untar iu = non ita erit inter vos. Später in demselben Satz: inti ther dâr uuolle untar iu êristo uuesan, uuese iuuer scalc = erit vester servus. Vgl. die Beispiele mit dem Imp.

3. Auch andere Fälle sind vorhanden, wo die

Uebersetzer sich berechtigt fühlten, eine Modification des Ausdrucks durch Wechsel des Modus zu versuchen.

39, 2 ni curet furnidaren, thaz ir ni sît furnidarite = nolite condemnare, et non condemnabimini.

31, 7 inti thie thiu neme (auferet) thiu thînu sint, ni eisco siu.

122, 3 zeigt einen Wechsel zum Präteritum Conj.: thoh uuidoru thie mannes sun quementi, uuanis thû thaz her fundi giloubon in erdu? = putas inveniet.

Eine willkürliche Abweichung von dem Original zeigt 173, 3 her mih giberehtôt, uuanta fon mînemo intfieng inti saget iu = clarificabit, accipiet, adnuntiabit. Im nächsten Vers folgt der Uebersetzer dem lat. Text = fon mînemo intfâhit.

39, 3 gebet, thanne gibit iu = date et dabitur vobis. Hier liegt entweder Textverderbnis vor, oder das Subject ist mit Absicht weggelassen. Auch 44, 17; 69, 6; 90, 5 zeigen den Conjunctiv.

III. Umschreibungen.

Tatian zeigt nur vereinzelte Beispiele.

1. Scal mit dem Infinitive, nach Grimm die älteste Art der Umschreibung. Es kommt nur dreimal vor.

4, 11 sin namo scal sîn Johannes (vocabitur). Scal hat hier rein futurische Bedeutung.

13, 16 uuaz sculun uuir tuon? = quid faciemus. Hier ist sculun nicht rein futurisch. Der Uebersetzer will sagen: 'Was sind wir zu thun verpflichtet'. Die Grundbedeutung von scal ist leicht zu erkennen.

112, 2 ih trincan scal = bibiturus sum. Vgl. V, 2.

2. Mag mit dem Infinitiv.

Ein Beispiel 3, 6 vvuo mag thaz sîn = quomodo fiet istud. Hier blickt die Grundbedeutung der Möglichkeit durch.

3. Werden mit dem Particip des Präsens.

Erdmann citiert als das einzige ihm bekannte Beispiel in der ahd. Literatur das folgende: 6, 9 nû uuirdist thû suîgênti = erit tacens. Wir könnten dasselbe als eine Rückkehr zum Glossenstil betrachten, wenn dieselbe Construction nicht wieder vorkäme als Uebersetzung für das Futurum Exactum: 44, 21 thie mîn furlougnit fora mannun inti mîn scamênti uuirdit = confusus me fuerit. Merkes (der neuhochdeutsche Infinitiv als Theil einer umschreibenden Zeitform) citiert auch das erste Beispiel mit einigen anderen aus dem Gotischen, und fügt hinzu: „Aus diesen Stellen geht zur Genüge hervor, dass wir es hier in der That mit einer althergebrachten wirklichen Umschreibung des Futurs zu thun haben." Diese Umschreibung ist häufig in Nhd. und verschwindet nicht ganz bis zum 17. Jahrhundert (vgl. Merkes S. 2—3). Es lag dem Uebersetzer sehr nahe dieselbe in 19, 9 zu verwenden, aber er hat es vermieden: fâhistû man = homines eris capiens.

IV. Das Futurum Exactum.

Dieser Tempus ist wie das einfache Futurum behandelt. Einige Beispiele werden dieses klar machen.

1. Mit dem Indicativ.

60, 4 oba ih sîn giuuâti birînu (tetigero).

62, 12 iogiuuelîh uuort unnuzzi thaz man sprehhenti sint (locuti fuerint).

87, 6 thanne her quimit (venerit), her gisagêt uns alliu.

139, 8 inti ih, ob ih erhaban uuirdu fon erdu (exaltatus fuero), alliu thinsu zi mir.

2. Mit dem Conjunctiv.

29, 1 sô uuer sô furlâze sîna quenûn (dimiserit). Vgl. 100, 5 uuelîh uorlâzzit (dimiserit) sîna quenûn.

31, 3 ûzouh oba thih sihuuer slahe (percusserit) in thîn zesuua uuanga.

82, 60 sô uuer fon themo selben ezze (manducaverit).
150, 1 thanne her queme inti clopfô = cum venerit et pulsaverit.

V. Die Conjugatio Periphrastica.

Die bevorstehende Handlung, die Actio Instans
ist im Tatian folgendermassen wiedergegeben.

1. Der Uebersetzer lässt den futurischen Begriff
unausgedrückt. Steht die Form der Copula im Präsens, so geht natürlich das futurische Präsens nicht
verloren.

13, 8 thie dâr after mir quementi ist = qui post
me venturus est. Hier geht deutlich aus dem Zusammenhang hervor, dass die durch das Verbum ausge-
drückte Handlung in die Zukunft fällt.

91, 4 Helias giuuesso quimit inti arsezit alliu =
. . . venturus est et restituet . . . . Obgleich in diesem Satz die Actio Instans im Gegensatz zu dem einfachen Futurum steht, verzichtet der Uebersetzer auf
jeden Versuch einer Unterscheidung.

179, 1 thie the giloubenti sint = qui credituri sint.
129, 4 quo hic iturus est? = uuara ferit thesêr.
88, 13 zeigt den Conjunctiv: thaz ih ruoge iuuih
(accusaturus sim).

2. Scal kommt einmal in diesem Zusammenhang
vor, wo die Grundbedeutung „die Verpflichtung haben
etwas zu thun" deutlich zu sehen ist.

112, 2 Mugut ir trincan kelih then ih trincan scal?
(bibiturus sum).

3. futurus und iturus sind mehrmals durch das
Adjectiv zuouuert (zuouuart) übersetzt.

9, 2 uuanta zuouuart ist = futurus est enim.
13, 23 thie after mir zuouuart ist (venturus est).
80, 8 these ist uuîzago thie thâr zuouuert ist
(venturus est).
146, 5 alliu thiu zuouuertiu sint (futura sunt).

4. Copula im Indicativ Präteriti.

a) Der futurische Begriff verschwindet ganz und der Satz giebt einen ganz anderen Sinn.

82, 12 der uuas selanti inan = hic erat traditurus eum.

91, 2 thiu her fullanti uuas (completurus erat).

114, 1 her thanne uuas farenti (erat transiturus).

135, 30 ther heilant sterbenti uuas (moriturus erat).

b) Venturus und futurus = zuouuert.

184, 1 alliu thiu uuârun zuouuert (ventura erant).

185, 1 thaz dâr zuouuert uuas (futurum erat).

c) Copula im Conjunctiv. Das futurische Element bleibt natürlich.

139, 8 thaz quad her gizeihanônti uuelîhemo tode sterbenti uuâri (esset moriturus). Dieses Beispiel ist mit 194, 3 zu vergleichen: uuelîhhemo tode unas sterbendi (esset moriturus).

158, 7 uuer sulîh tâti = qui hoc facturus esset.

VI. Das Verbum Perfectivum als Ersatz für das fehlende Futurum.

Streitberg in seiner Abhandlung „Perfective und imperfective Actionsart" in Paul und Braunes Beiträgen XV versucht nachzuweisen, dass Wulfila den vorhandenen Unterschied zwischen imperfectiver und perfectiver Actionsart benutzt hat, die fehlende Futurform zu ersetzen. Er sagt 15, 120: „Wir haben gesehen, dass die perfective Actionsart auch in den slavischen Sprachen zum Ersatz des fehlenden Futurums verwandt wird; wir haben auch gesehen, worin dieser Gebrauch begründet ist. Gebrauche ich nämlich die Präsensform eines momentan perfectiven Verbums, z. B. ich komme, so besteht eine zwiefache Möglichkeit: einmal, Beginn und Vollendung der Handlung fällt in demselben Moment zusammen, in dem Augenblick der Aeusserung, oder zweitens, der Mo-

ment der Vollendung gehört erst der Zukunft an;
i c h k o m m e heisst alsdann 'ich mache die Bewegung
des Gehens und setze dieselbe fort bis zum Zeitpunkt
der Vollendung, dem Eintreffen'. Dieser Zeitpunkt
der Vollendung, der dem perfectiven Verb eigen ist,
liegt also nicht mehr in der Gegenwart, sondern tritt
erst in der Zukunft ein. Dies ist namentlich bei du-
rativ-perfectiven Verben der Fall: z. B. i c h b e -
s t e i g e d e n B e r g d. h. ich führe die Bewegung des
Steigens in der Richtung nach dem Gipfel hin bis zu
dem Augenblick fort, in dem dieser erreicht ist'. Das
Anlangen am Ziel ist auch hier nur ein Moment und
zwar ein der Zukunft angehöriger, aber er steht in
ausdrücklichem Gegensatz zur vorausgehenden Dauer
der Handlung.

Da also jede perfective Präsensform im gewöhn-
lichen Verlauf der Dinge einen Hinweis auf die Zukunft enthält, so eignet sie sich nicht übel zum Ersatz der fehlenden Futurform."

Nach diesen Vorbemerkungen macht sich der Ver-
fasser daran zu zeigen, dass Wulfila dieses futurische
Element im perfectiven Präsens zum Zwecke der Fu-
turbezeichnung gefühlt und verwertet hat. Er bringt
eine Anzahl von Fällen zusammen, wo gotische perfective Composita griechische Simplicia der Zukunft
vertreten. Z. B. M 8, 7 ik qimands gahailja = δερ-
πεύσω; Mc. 1, 17 jah gatauja iqqis wairþan nutans
manne = ποιήσω. Auch andere, wo das perfective w a i r -
þ a n und das imperfective w i s a n unterschieden sind.

Lässt sich nun dieser Gebrauch für das Althochdeutsche nachweisen?

Vergleichen wir einige von Streitbergs Beispielen
mit den entsprechenden in Tatian.

1. Perfectiva Composita.

M. 10, 29 ains ize ni gadriusiþ (πεσεῖτα) ana airþa.
Tatian 44, 20 giebt dasselbe durch das Simplex wieder:

ein fon then ni fellit (cadet) ubar erda. Das Compositum **gifiel** kommt 102, 1 vor.

Streitbergs erstes Beispiel zur Erklärung des Unterschieds zwischen perfectiver und imperfectiver Actionsart ist **saihwan**. Auf Seite 82 sagt er: „saihwan heisst 'die Fähigkeit des Sehens besitzen, sie ausüben, im Sehen begriffen sein', ist also ein rein duratives Verbum. Im Gegensatz hierzu bedeutet **gasaihwan** 'die Handlung des Sehens ausüben in Bezug auf den Moment der Vollendung, d. h. **erblicken, bemerken**'". Derselbe Unterschied wird gemacht zwischen **hausjan** = 'die Fähigkeit des Hörens in Anwendung bringen' und **gahausjan** = 'vernehmen'.

74, 6 = gihôrnessî gehôret ir inti ni furstantet, inti gisehente gisehet inti ni gisehet = auditu audictis et non intellegetis, et videntes videbitis et non videbetis. Nach der Auffassung Streitbergs bedeutet dieses so viel als: 'Was ihr mit den Ohren vernehmen werdet·, werdet ihr nicht verstehen'. So weit deckt es sich mit Streitbergs Erklärung, aber weiter: 'ihr besitzet die Fähigkeit des Sehens (gisehenti) und werdet diese Fähigkeit ausüben (gesehet) doch werdet ihr nicht zum Ziele des Sehens gelangen, d. h. nichts erblicken'. Hier ist der Unterschied ganz verwischt, das Compositum dient zugleich für den imperfectiven und den perfectiven Begriff. In dem vorhergehenden Vers 74, 5 handelt es sich um dieselben Verben: bithiu sprihhu ih iu in râtissun, uuanta sehente ni gisehent inti gihôrente ni gehôrent noh ni furstantent. Bemerke **sehente** und **gihôrente**.

88, 8 thie tôten hôrent (audient) stemma gotes sunes, inti thie sia gihôrent (audierint) lebênt. Warum **hôrent** und **gihôrent**? Die Actionsart und die Zeitstufe sind dieselbe. Diese Beispiele beweisen ohne Zweifel, dass die Uebersetzer des Tatian den Unter-

schied zwischen sehen und gisehen, hôren und gihôren
nicht mehr fühlten, und ohne Bedenken eins für das
andere anwendeten.

Es ist nicht der Zweck dieser Untersuchung nachzuweisen in wie fern Tatian den Unterschied zwischen
Perfectiven und Imperfectiven, d. h. Compositen und
Simplicien eingehalten hat. Es handelt sich nur um die
Frage, ob die perfectivierenden Composita als Ersatz
für das fehlende Futurum verwertet sind. Die ci-
tierten Beispiele weisen diese Annahme entschieden
zurück.

2. Werdan und uuesan.

Streitberg hat nachgewiesen, dass Wulfila ohne
Ausnahme das perfective wairþan für das griechische
ἔσομαι verwendet hat, ausgenommen natürlich die Fälle
wo die imperfective Actionsart auch für die zukünftige Zeitstufe nötig ist. Seine eigenen Worte lauten:
„Wie nämlich im Slavischen das imperfective byti
'sein' und das perfective bada 'werde' nebeneinander
bestehen und dieses die Futurfunction für jenes übernimmt, so übernimmt auch got. wairþa die Futurfunction für das imperf. wisan; während dies also re-
gelmässig das griech. εἰμί überträgt, gibt jenes das
griech. Futurum ἔσομαι wieder."

Findet man auch diesen Unterschied in Tatian?
Streitbergs erstes Beispiel = M. 5, 21 saei maurþreiþ
skula wairþiþ (ἔσται) stauai. Wir lesen denselben Vers
in Tatian 26, 1 thie thâr slehit, ther ist (erit) sculdîg
duomes. Ferner M. 6, 22 jabai nu augo þein ainfalþ
ist, allata leik þein liuhadein wairþiþ (ἔσται) = Tatian
36, 3 oba thîn ouga uuirdit lûttar, thanne ist (erit) al
thîn lîhhamo liohtêr. Hier ist die Sache gerade um-
gekehrt; 'wenn dein Auge einfältig ist' hat reine imperfective Bedeutung. L. 6, 35 = jah wairþiþ mizdo
izwara managa, jah wairþiþ sunjus hauhistins = Tatian 32, 8 inti ist (erit) iuuar mieta mihhilu inti birut

(eritis) kind thes hôhisten. 147, 4 zeigt vollständige
Willkür von Seiten des Uebersetzers: Zuâ sint ma-
lenti in ein: ein ist ginoman inti ander uuirdit fer-
lâzzen. Zuei sint in einemo bette: ein ist ginoman
inti ander ist forlâzzen.

Es ist nicht nötig mehr Beispiele anzuführen.
Aus den gegebenen geht deutlich hervor, dass die
Tatian-Uebersetzer keinen Unterschied zwischen ist
= erit, und uuirdit = erit sahen.

Resultate.

1. In der Mehrzahl der Fälle ist das lateinische
Futurum durch das Präsens Indicativ wiedergegeben.

2. Die Umschreibung ist in der Regel vermieden.
Scal kommt dreimal vor; werdan mit dem Participium
Präsentis zweimal; mag einmal.

3. Das Adverb der Zeit, thanne fügt oft dem
Begriffe des Verbums die zukünftige Zeitstufe bei.

4. Das Futurum Passivi ist ohne Unterschied
durch wesan und werdan mit dem Participium Präteriti wiedergegeben.

5. Das Futurum Exactum ist wie das einfache
Futurum behandelt.

6. Zuweilen erlaubt sich der Uebersetzer eine
Modification des Ausdrucks, wo dieselbe gerechtfertigt
werden konnte. Z. B. das Futurum mit imperativer
Bedeutung drückt er oft durch den Imperativ aus.

7. Kein Versuch ist gemacht den futurischen Begriff in der Conjugatio Periphrastica auszudrücken,
ausgenommen die Fälle mit venturus und futurus =
zuouuart, und die einmalige Anwendung von scal.

8. Die Uebersetzer haben keinen Gebrauch gemacht von dem Unterschied zwischen perfectiver und
imperfectiver Actionsart zum Ersatz der untergegan-
genen futurischen Zeitstufe.

Isidor.

Im Vergleich mit Tatian ist der althochdeutsche Isidor eine wirklich kunstvolle Uebersetzung, die für die Zeit grosse Kenntnis des Latein und Gewandtheit in der Behandlung der Muttersprache voraussetzt. Doch hat der Uebersetzer sich wenig bemüht, das Futurum besonders hervorzuheben. Die Mehrzahl der Belege zeigen das Präsens. Mit Ausnahme von scal, das öfters vorkommt, verzichtet er auf Umschreibungen. An verschiedenen Stellen hat er sich Abweichungen von seiner Vorlage erlaubt, niemals aber mit wesentlicher Aenderung der Bedeutung. Die Beispiele werden seinen Gebrauch klar machen.

I. Das einfache Präsens.

1. Futurum Activum.

5, 21 ih faru (ibo) dhir fora endi chidhuuingu (humiliabo) aerdhriihhes hruomege.

12, 1 in dhir mitteru ardôn (habitabo).

22, 15 sînera sipbea ni uuirdit (erit) endi.

34, 17 dher selbo ist dhes dheodun bîdant = ipse erit expectatio gentium.

Andere Belege = 36, 1; 37, 15; 38, 1; 39, 16; u. s. w.

2. Das Futurum Passivum.

Ist durch uuerdan mit dem Particip Präteriti wiedergegeben.

5, 20 dor ni uuerdant bilohhan (claudentur).

12, 2 ff. endi in dhemu daghe uuerdhant manego dheodûn chisamnôda (adplicabuntur) zi druhtine endi uuerdhant (erunt) mîne liudî.

22, 10 unirdit siin namo chinemnit (vocabitur) uundarliih.

27, 12 endi arslagan uuirdit christ (occidetur).

Auch 22, 14; 33, 17, 20. Im 39, 9 ist scal in Verbindung mit uuerdan gebraucht. Also, in dhes dagum scal iuda uuerdan chihaldan (salvabitur). Dieses scheint

2

das einzige Beispiel dieses Gebrauchs in der ahd. Litteratur zu sein. Erdmann und Wunderlich nehmen keine Notiz davon für Otfrid und Notker.

II. Constructionsveränderung.

1. Das lateinische Futurum mit imperativischem Sinn.

Ein Beispiel in 27, 17 zeli dhir sibun iaaro (numerabis).

2. Der Conjunctiv des Wunsches.

34, 13 ni zirinne herrin fona iudae = non deficiet princeps. (Vgl. Beispiele unter Tatian).

3. Tempuswechsel.

36, 16 druhtin suuor davite in uuaarnissu endi ni huolida (frustrabitur) im. Ob der Uebersetzer diese Aenderung mit Absicht gemacht, oder nach suuor dasselbe Tempus aus Versehen geschrieben hat, ist schwer zu entscheiden.

4. Das Futurum der ersten Conjugation mit dem Suffix avit = abit ist einmal durch das Präteritum übersetzt in 2, 5 christes chiburt huuer sia chirahhôda = generation ejus quis enarravit?; viermal durch das Präsens in 32, 18; 37, 15; 39, 10; 40, 8; einmal 39, 6 durch den Infinitiv mit scal. (Vgl. Hench: Isidor S. XVII).

III. Umschreibungen.

Isidor hat mehrere Beispiele von scal. Andere Hilfszeitwörter kommen nicht vor.

1. scal uuesan = ero, erit.

17, 12 miin gheist scal uuesan (erit).

37, 13 ih aruuehhu dhînen sâmun after dhir dher uuesan scal (erit) fona dhînêm sunim.

37, 17 ih scal imu uuesan (ero) in fater stedi endi ir scal mir uuesan (erit) in sunes.

38, 3 siin hôhsetli scal uuesan (erit) festita.

38, 12 dher uuesan scal (erit).

43, 18 endi siin restin scal uuesan aerliihhu. M. 33, 20 hat den Conj.: sculi ih uuesan . . . . . . = sterilis ero.

2. erit = scal sîn.

Ein Beispiel: 44, 21 siin grab scal siin guotliih.

3. Scal mit anderen Verben.

11, 1 hepfu (levabo) mîna hant ubar sie endi sie uuerdant (erunt) zi scaahche dhêm im aer dheonôdon, endi er sculut bichennen (cognoscetis).

39, 7 ih aruuechu (suscitabo) davide rehtuuîsigan chîmun, endi ir chuninc scal dhanne riihhison (regnavit), endi uuîsi uuirdit (sapiens erit). Dieser Wechsel zwischen dem Präsens und scal ist auffallend.

39, 9 in dhes dagum scal iuda uuerdan chihaldan. (Vgl. I, 2).

In allen diesen Fällen hat scal seine Grundbedeutung der Pflicht etwas zu thun, gänzlich verloren, ist daher rein futurisch. Im Vergleich mit Tatian fällt dieser häufige Gebrauch von scal auf. Aus den drei Beispielen in dem ganzen Tatian hat nur eins rein futurische Bedeutung.

IV. Das Futurum Exactum.

Es kommt nur selten vor und ist nicht unterschieden von dem einfachen Futurum.

10, 20 dher euuuih hrînit (tetigerit), hrînit sînes augin sehun.

38, 18 huuanda so dhîne daga arfullide uuerdhant (repleti fuerint) endi dhu slâfis (dormieris) mit dhînem faterum, ih aruuehhu (suscitabo) dhînan sâmun.

6, 15 ibu dhanne einic chilaubit (crediderit).

V. Die Conjugatio Periphrastica.

1. Das Particip Präsentis mit uuesan.

37, 8 ih sagêm dhir dhazs druhtin dhir ist hûs zimbrendi (edificaturus sit).

2. Futurischer Begriff ganz verloren.

33, 1 fona abrahames sâmin uuardh quhoman (futurus esset) druhtin. Für Isidor ist diese ganz verfehlte Wiedergabe des Originals bemerkenswerth.

3. Futurus = zuouuert.

31, 16 uns zuouuert leididh uuardh unser druhtin (erat futurus).

33, 12 bauhnida dhuo fona abrahames sâmin zuouuerdan (futurum) in fleische himiliscun got.

4. Scal ist mehrmals angewendet.

33, 9 chundida . . . . . dhazs ir in sines edhiles fleische quhoman scolda uuerdan = testabatur esse venturum.

36, 10 chunnemes nu fona huueliihhemu aedhile christ chiboran uuerdhan scoldi (nasciturus esset) fona davides framchumfte after fleiches mezsse quhoman uuerdhan (futurus esse) dhurah heilegun gheist. In chiboran uuerdhan scoldi haben wir schon den neuhochdeutschen Gebrauch.

VI. Das Verbum Perfectivum.

1. Perfective Composita.

Lässt sich die Streitbergische Theorie über die Wiedergabe des Futurums durch perfective Composita für Isidor beweisen? Eine genaue Untersuchung zeigt deutlich, dass sie ebensowenig für Isidor als für Tatian Stich hält. Ein schönes Beispiel findet sich in 17, 15: der selbo zimbrit mir hûs, endi ih chifestinôn dhes . . . . untazs in euun = ipse edificavit mihi domum, et firmabo. Die Actionsart im ersten Satz ist unläugbar perfectiv, eben so unläugbar ist der zweite Satz durativ, wie aus 'untazs in euun' hervorgeht. Warum zimbrit und chifestinon? Gerade timrjan ist einer von Streitbergs Belegen. Vgl. Wulfila Mc. 14, 58 von ihm S. 128 citiert: bi þrins dagans anþara (alh) unhanduvaurhta gatimrja. Ferner 36, 18 dhînera

uuomba uuaxmin setzu (ponam) ih ubar miin hôhsetli.
Nach Streitberg ist chisetzu hier zu erwarten, denn
ubar miin hôhsetli giebt das Ziel der Handlung an.
39, 1: endi uuîsi uuirdit (erit) endi frummit (faciet)
urdeili. Hier könnte man entweder durative oder
perfective Bedeutung annehmen, je nach der Auffassung. Doch nach Streitbergs Theorie sollten die beiden Verba uuirdit = perfectiv und frummit = imperfectiv in der Actionsart übereinstimmen.

2. uuerdan und uuesan. (Vgl. Streitberg S. 132).
Isidor übersetzt die lateinischen Futura ero, erit, erunt
1. durch uuerdan
    11, 1 endi sie uuerdant zi scaahche = erunt preda.
    12, 4 sînera sipbea ni uuirdit (erit) endi.
    39, 8 endi uuîsi uuirdit (erit).
2. durch scal uuesan.
    Sieben Belege. Vgl. III, 1, wo alle citiert sind.
3. durch scal siin.
    Ein Beleg. Vgl. III, 2.
4. durch ist.
    34, 17 ipse erit expectatio gentium = dherselbo
ist dhes dheodun bîdant. Diesen Satz kann man zwie-
fach auslegen. Es ist möglich einen durativen Begriff
hinein zu lesen, also 'Er wird immer derjenige sein,
bleiben, den sie erwarteten. Sie werden nie in ihm
enttäuscht werden'. Diese Auslegung ist gezwungen.
Der Sinn ist vielmehr perfectiv und heisst, 'wenn er
kommt werden sie sehen, dass er der erwartete ist'.

Diese Beispiele genügen vollständig nachzuweisen,
dass der Uebersetzer des Isidor, ebenso wenig als der
des Tatian, den Unterschied zwischen imperfectiver
und perfectiver Actionsart in Bezug auf das Futurum
gefühlt hat. Wäre dieser Unterschied wirklich vorhanden, so hätte er gewiss Gebrauch davon gemacht,
denn er hat überall bewiesen, dass er seine Muttersprache verstand und schätzte.

Resultate.

1. Wie in Tatian ist das einfache Präsens gewöhnlich angewendet, um das lateinische Futurum zu übersetzen.

2. Von den umschreibenden Hilfsverben ist scal das einzige vorkommende.

3. Kein Unterschied ist gemacht in der Wiedergabe des Futurum Exactum und des einfachen Futurums.

4. In vereinzelten Fällen hat der Uebersetzer eine Veränderung des Ausdrucks vorgezogen.

5. Das Futurum Passivum ist durch uuerdan mit dem Particip Präteriti übersetzt. Uuesan kommt nicht vor.

6. Die Conjugatio Periphrastica ist geschickter behandelt als in Tatian. Nur in einem Fall ist der futurische Begriff verloren.

7. Isidor zeigt keine Spuren einer Unterscheidung zwischen perfectiver und imperfectiver Actionsart, als ein Mittel die futurische Zeitstufe auszudrücken.

Die Monseer Bruchstücke.

Wegen ihres verstümmelten Zustandes ist der Wert der Monseer Bruchstücke für syntactische Untersuchungen sehr vermindert. Doch, trotz dieses Nachteils, finden wir ein interessantes und verwertbares Material.

In den Fällen, wo der ursprüngliche lateinische Text fehlt, sind die Vergleichungen mit den entsprechenden Teilen des Codex Amiatinus gemacht, wie in Hench's Ausgabe. (Vgl. Monsee Fragments, Introduction S. XX.) Solche Beispiele sind mit einem (A) versehen.

I. Das einfache Präsens.

1. Futurum Activum.

4, 23 huuelîh iuuer ist der man: quis erit ex vobis homo (A).

5, 7 ff. seczu (ponam) mînan gheist ubar inan enti miin urteile chundit (nuntiabit) deotom. Ni uuidar strîtit noh ni hrofit (clamabit) noh ni gahôrit (audiet).

7, 7 cunincgin sundan arrîsit (surget) in tomtage mit desemo manchunne enti ganidrit (condemnabit) daz (A).

18, 14 hueo fleohet (fugietis) ir fona demo urteile dera quala.

21, 5 danne antwurtent dea (respondebunt).

2. Futurum Passivum.

a. uuerdan mit dem Particip Präteriti.

6, 11 ni uuirdit imo forlâzan = non remittetur ei.

8, 20 uuirdit imo gageban = dabitur ei.

21, 17 mannes sunu uuirdit kaselit (tradetur) u. a.

b. Das Activum mit reflexivischem Pronomen ist mehrmals àngewendet, ein Gebrauch den Tatian und Isidor nicht kennen.

6, 24 fona diin selbes uuortum gauuisso garehtsamôs (justificaberis) enti fona diin selbes uuortum dih gasahhis (condemnaberis) (A).

19, 1 samnôt sih arun = congregabuntur aquilae.

19, 4 diu himilo megin sih hruorent (commovebuntur) (A).

3. Gebrauch von danne ohne entsprechendes Wort im lateinischen Text. (Vgl. die Belege unter Tatian).

11, 9 gastriunis danne . . . . = lucratus eris fratrem tuum.

14, 16 ist dir danne guotlîhhora = erit tibi utilius.

21, 12 enti farant danne in euuiga tôdes quala = et ibunt in supplicium aeternum.

26, 19 ih bim imo danne elidiutic = ero ei barbarus.

II. Umschreibungen.

Wie bei Isidor ist scal das einzige vorhandene Hilfszeitwort des Futurums. Die Beispiele sind verhältnissmässig häufig, besonders als Uebersetzung von erit = scal uuesan.

7, 2 so scal uuesan (erit) mannes sunu (A).

7, 19 scal uuesan desemo manchunno = erit generationi.

10, 6 dar im scal (erit) uuesan uuoft enti zano gagrim (A).

13, 29 scal so uuesan (erit) untar iu.

6, 22 redea sculun dhes argeban in tuomtage = reddent rationem.

11, 16 gabuntan sculun uuesan = erunt ligata.

III. Das Futurum Exactum.

Die folgenden Belege zeigen das einfache Präsens.

4, 24 ibu daz in grôpa fallit = ceciderit (A).

6, 3 so huuer so quuidit = quicunque dixerit.

7, 27 so huuer so uuillun uurchit (fecerit) mînes fater.

14, 12 hat den Conjunctiv: nibu so huuelîh so uuelle mêro uuesan = uoluerit maior fieri.

IV. Die Conjugatio Periphrastica.

Nur zwei Beispiele, beide mit scal.

13, 19 (Lücke im Text) magut ir trinchan . . . . scal (bibiturus sum). Vgl. dieselbe Stelle in Tatian (112, 2) A, V, 2.

40, 21 huuaz furirinnit ir daz ih quedan scal uuizut = quid praecceditis qui quod dicturus sum nostis.

V. Verba Perfectiva.

Nach dem erfolglosen Versuch Streitbergs Theorie für Tatian und Isidor zu bestätigen, können wir ein anderes Resultat für die Monseer Bruchstücke kaum erwarten, doch um der Vollständigkeit willen muss die Untersuchung gemacht werden.

1. Composita.

Wir haben sogleich eine schöne Gelegenheit Streitberg's Lieblingsbeispiele sehan und hôrren, zu prüfen.· (Vgl. PBB. 15 S. 82 und A VI, 1). Nur die Composita gasehan und gahôrren kommen in den Bruchstücken vor; diese Verba ohne Präfix sind kein einziges Mal gebraucht. Vergleiche 8, 24 ff. mit Tatian 74, 5. 6. Die Stelle in den Bruchstücken ist lückenhaft, aber die betreffenden Wörter sind erhalten. Also, gahôrrente ni gahôrrent = audientes non audiunt neque intellegunt. Nach der früher gegebenen Erklärung ist der Begriff in gahôrrente rein durativ, und heisst: „die Fähigkeit des Hörens in Anwendung bringen." Warum gahôrrente? Weiter, gasehhante gasihit = videntes videbitis et non videbitis. Das heisst in Streitbergischer Sprache: 'ihr besitzt die Fähigkeit des Sehens und werdet diese Fähigkeit ausüben'. Beide Begriffe sind rein imperfectiv.

5, 7 seczu (ponam) ih mînan gheist ubar inan. Vgl. Tatian 69, 9, wo auch das Simplex sezzu angewendet ist. Auch Tatian 130, 2, wo das Compositum vorkommt: ih gisezzu (ponam) thîne fîianta untar scamal thînero fuozo. Isidor 36, 18 hat auch setzu = ponam.

19, 1 samnôt sih arun = congregabuntur aquilae. In demselben Kapitel neun Zeilen weiter finden wir kasamnôt (congregabunt) sine kachorane. Diese Belege genügen zu zeigen dass der Uebersetzer keine Notiz von dem futurischen Element in Compositen mit ga nahm.

2. Das Futurum von esse hat, wie bei Isidor drei Uebersetzungen.

a) Werdan.

10, 3 so selb uuirdit (erit) in enti uneralti.

18, 20 dâr uuirdit (erit) uuoft enti zano gagrim.

13, 3 so uuerdant sie = erunt.

14, 3 der . . . . . . uuirdit (erit) iuuer scalh.

40, 18 Neoman niuuirdit (erit) fona gote festi.

    b. Scal. Die fünf Belege sind schon unter II gegeben.

    c. Uuesan.

4, 23 huuelîh iuuer ist der man der ein scâf habêt u. s. w. Im Codex Amiatinus lautet es: quis e r i t ex vobis homo. Der Sinn ist offenbar imperfectiv, und heisst: 'wer von euch ist ein solcher Mensch'. Trotzdem ist hier kein zwingender Beweis, dass der Uebersetzer Imperfectiv und Perfectiv unterscheiden wollte, weil sein Codex ebensogut e s t hätte haben können.

26, 19 (lückenhaft) . . . . sprihhu ih bim imo danne elidiutic . . . . sprihhit mir ist elidiutic = si ergo nesciero virtutem vocis, ero ei cui loquor barbarus, et is qui loquitur barbarus. Der Sinn ist 'wenn ich anfange, mit ihm zu sprechen, in dem Augenblick, werde ich ihm b a r b a r u s. Der Uebersetzer hat b i m d a n n e ausgewählt, diesen perfectiven Begriff auszudrücken.

Die häufige Anwendung von s c a l u u e s a n spricht dafür, dass der Uebersetzer nicht ganz zufrieden mit uuerdan als eine genaue Wiedergabe für erit war.

Resultate.

    1. Das einfache Präsens ist die gewöhnliche Uebersetzung des lateinischen Futurum Activum.

    2. Das Futurum Passivum ist in den meisten Fällen durch uuerdan mit dem Part. Prät. wiedergegeben. Das Präs. Act. mit einem reflexivischen Pronomen kommt mehrmals vor. Wesan als Hilfsverb ist nicht vorhanden.

    3. Wie bei Tatian ist Gebrauch von dem Adverb

d a n n e öfters gemacht um die zukünftige Zeitstufe
anzugeben.

4. Scal mit dem Infinitiv ist die einzige vorhandene Art der Umschreibung.

5. Die zwei Beispiele der Conjugatio Periphrastica zeigen scal.

6. Der Gebrauch der Verba Perfectiva als ein
Mittel, das fehlende Futurum zu ersetzen, muss auch
für die Monseer Bruchstücke zurückgewiesen werden.

Die Murbacher Hymnen.

Dieses Denkmal bietet fast nichts für unseren
Zweck. Die einzigen Beispiele des einfachen Futurums befinden sich IV, 2, intlăzit naht = cedet nox.
XXII, 5 kinachatotiu hangent innodi (pendent). Periphrastisches Futurum = XXIV, 15, thu pist ke-
penter = tu es qui daturus; XXVI, 8 suanari kelau-
panne pist uuesan chumftiger = Judex crederis esse
venturus.

Die Benedictiner Regel.

Trotz der Wichtigkeit dieses Denkmals als Sprach-
quelle der frühen althochdeutschen Zeit ist es doch
als eine Quelle für syntactische Studien von gerin-
gerem Werth. Glossierung ist die richtigere Bezeichnung als Uebersetzung, denn die einzelnen Wörter
sind einfach verdeutscht ohne Rücksicht auf den Zusammenhang. Es ist scheinbar eine mechanische Schüler-
arbeit, und zeigt nur die allermässigsten Kenntnisse
des Lateins und der Muttersprache.

Eine sorgfältige Untersuchung hat als Resultat
nichts Auffallendes oder besonders Bemerkenswertes
aufzuweisen. Es ist kaum nötig, Belege anzuführen.
Das einfache Präsens ist überall angewendet um die
futurische Zeitstufe auszudrücken. Kein einziges Bei-

spiel der Umschreibung ist vorhanden. Spärlicher
Gebrauch ist von werden gemacht, entweder als
Wiedergabe für ero, erit etc. oder für das Passivum.
Vgl. 34,7; 36,20; 51,13; 53,14; 92,21 u. a. Unter
zahlreichen Beispielen des Passivums kommt werden
nur zweimal vor in 49,3 und 97,4.

Der Conjunctiv ist mehrmals angewendet, wo das
Original den Indicativ zeigt. 36,24 = hwazso . . . .
megi findan = quicquid poterit inveniri. 29,17 = ibu
hwaz framkange = si quid . . . processerit.

Das periphrastische Futurum ist durch das Participium Präsens mit dem Präsens des Verbums aus-
gedrückt. Ob der futurische Sinn bleibt oder verloren
geht, hängt von dem Zusammenhang ab. 40,25 ist er
kebanter = erit redditurus u. s. w.

Die kleineren Denkmäler.

Exhortatio ad Plebem Christianam.

1. Futurum Exactum. Durch das Präsens wiedergegeben. 15. unzi daz iuuer eogalîher . . . calêrit
(docuerit). 16. intfâhit = exceperit. 17. farsûmit =
neglexerit.

2. Conjunctiv für Indicativ. 19. der christiani
sîn uuelle = qui christianus esse voluerit. 20. der
es ur tauffi intfâhe (acceperit).

3. Periphrastiches Futurum. 18. redja urgepan
scal = rationem redditurus erit. Vgl. B. R. 40,25
wo dieselbe Formel ist erkebanter heisst.

Ein Beweis der Kenntnisse und der Sorgfältig-
keit des Uebersetzers befindet sich in Zeile 10. Das
Latein heisst: qui verba fidei, qua salvandus est neque discere vult. Das futurische Moment in salvandus est hat der Uebersetzer gesehen und betont. Er
giebt sogar zwei Uebersetzungen neben einander:
dera er caheilit scal sîn, und ja dera er ca-
nesan scal.

Weissenburger Catechismus.

1. Einfaches Präsens.

100, heil uuesan ni mag (poterit).

2. Futurum Exactum.

100, gilaubit = crediderit.

3. Gebrauch von eigun.

97, alle man ci arstandanne eigun = resurgere habent. Diese Stelle ist zu vergleichen mit den verschiedenen Stellen in Wulfila, wo haban mit dem Infinitiv das griechische Futurum übersetzt. Z. B. Th. 3,4 taujiþ jah taujan habaiþ (ποιεῖτε καὶ ποιήσετε). Erdmann (Grundzüge der deutschen Syntax S. 96) macht darauf aufmerksam, dass diese Verbindung mit rein futurischer Bedeutung nicht wieder im Ahd. vorkommt. Mit dieser Ausnahme hat diese Construction immer die Bedeutung, ich habe die Aussicht, das Recht, die Pflicht, etwas zu thun.

4. Periphrastisches Futurum.

48. quemendi ci ardeilenne (venturus). Queman enthält in sich rein futurische Bedeutung.

97. cumftiger ci suanne (venturus).

98. geltanti sint redina = reddituri sunt rationem.

Carmen ad Deum.

Ein einziger Beleg: 28 ih quidu (dicam).

Sangaller Credo.

Auch nur ein Beleg: 10. chumftîc ist (venturus).

Bruchstück der Lex Salica.

LXVII biliugit = clamaverit. LXIX forlaazit = dimiserit. LXX der wiib gimahalit (adquisiert) inti ni wil sea halôn (retraxerit). Zu dem letzten Verbum hat der Uebersetzer den Begriff des Wollens hinzugefügt. Ein rein futurisches Hilfsverbum scheint es nicht zu sein.

Bruchstücke einer Psalmenversion.

(Text in Müllenhoff's althochdeutschen Sprachproben.)

Dieses Fragment bietet nichts Auffallendes. Die lateinischen Futura sind ohne Ausnahme durch das Präsens wiedergegeben, auch das Futurum Exactum. Wesan ist das Hilfsverbum des Passivums. Andere futurische Fügungen sind nicht vorhanden.

Anmerkung: Das Material aus den kleineren Denkmälern ist verhältnismässig so unbedeutend, dass es überflüssig ist, dieselben in Bezug auf das Verhalten der Perfectiva und Imperfectiva zu prüfen.

Otfrid.

Ein Vergleich zwischen Otfrid und der Uebersetzungs-Literatur in Bezug auf den Gegenstand dieser Untersuchung ist dadurch gerechtfertigt, dass wir in einem originellen Werk den ungezwungenen althochdeutschen Gebrauch erwarten und finden, während eine Uebersetzung, sei sie auch noch so kunstvoll gemacht, immer mehr oder weniger von der Vorlage beeinflusst ist.

Erdmanns Darstellung von Otfrids Syntax giebt natürlich eine Zusammenstellung der verschiedenen Mittel, die Zukunft auszudrücken. Der Klarheit halber ist es doch nötig, einen Teil dieses Materials hier anzuführen. (Vgl. Erdmann: Otfrids Syntax I. S. 4).

I. Das Präsens.

In den meisten Fällen macht auch Otfrid keinen Versuch, die futurische Zeitstufe besonders hervorzuheben, und begnügt sich mit dem Präsens. Die Beispiele sind zahlreich.

1. Das einfache Präsens.

I, 5, 27 Got gibit imo wîha.

I, 8, 27 Er giheilit thiz land.

I, 12, 19 ir findet kind niwiboranas.

II, 7, 71 ir sehet mêra wuntar, himil sehet ir in-
dân.

IV, 7, 36 joh fallent ouh thie sterron.

2. Wesan mit Particip Präsens (ziemlich häufig).

I, 4, 29 quena thînu ist thir kind berantu.

I, 5, 31 allera worolti ist er lîb gebenti u. s. w.
Diese Verbindung hebt gewöhnlich die dauernde Handlung hervor.

II. Otfrid bedient sich oft eines Adverbs, um
den zukünftigen Begriff besonders zu betonen. (Vgl.
den Gebrauch von thanne bei Tatian).

1. thanne.

I, 15, 50 al ongit er sih thanne.

IV, 7, 31 sie sint thanne in wêwen.

7, 37 sih weinôt thanne thuruh thia quist.

V, 19, 35 thanne er mit giwelti ist inan faltônti, u. a.

2. furdir.

V, 4, 50 joh furdir sih ni irrihtit.

III, 7, 84 this argun gilusti gebent thir furdir
fristi.

II, 10, 20 ther (wîn) furdir uns ni wenkit.

IV, 10, 6 ni drinku ih . . . . fon themo wahsmen
furdir.

V, 19, 15 wanta es nist laba furdir.

3. noh.

II, 14, 67 thoh quimit noh thera zîti frist.

II, 23, 20 iz wirdit noh giweizit.

IV, 26, 35 quimit noh thiu zît (venient dies, Luc.
23, 19).

V, 6, 29 uuerdent noh thio zîti.

4. sâr.

I, 4, 66 nu wird thû stummer sâr (eris tacens
Luc. 1, 20).

II, 11, 39 thaz thû thaz irrihtes sâr . . . . in
thrio dago zîti.

II, 22, 42 thia fruma gibit er iu sâr.

IV, 4, 14 so lâzit er iz wesan sâr.

V, 15, 41 sâr thû bist altênti.

III. Futurúm Passivum.

1. werdan.

I, 4, 69 iz wirdit thoh irfullit.

II, 23, 20 iz wirdit noh giweizit.

IV, 4, 9 thar wirdit fon iu funtan ein esil gibuntan.

2. wesan.

V, 21, 8 ist ferro irdriban fon himile ûz.

I, 4, 36 fon reve thera muater so ist er giwîhter.

II, 12, 84 theist ju sàr gimeinit, thaz themo ist giwisso irdeilit.

IV. Umschreibungen.

1. Scal mit rein futurischer Bedeutung. Die Belege dieser häufigen Anwendung sind meistenteils in direkter Rede in eingeschobenen parenthesischen Sätzen. Oft spricht der Schriftsteller direkt zu dem Leser. Z. B.

L 17, 4 scal ih iz . . . . hiar irzellen.

IV, 34, 5 ih scal thir wuntar redinôn.

V, 7, 5 so ih thir hiar nu sagên scal.

Die folgenden beziehen sich auf den Erzählenden.

I, 15, 28 hug es . . . . theih thir sagên scal.

II, 8, 13 ih scal thir sagên.

II, 21, 26 Sos ih iuih ubar al hiar nu lêren scal.

III, 12, 6 thes iuih eiscôn hiar scal.

IV, 13, 13 Simon, hug es ubar al thes ih thir sagên scal.

V, 20, 92 ih scal iu iz zellen ubar al, u. a.

Diese Beispiele sind alle in der ersten Person. Die zweite und dritte Person sind selten.

II, 3, 68 so thu hiar thir lesan scalt.

II, 7, 32 er scal thir lîchên.

III, 15, 23 ni duit thaz ioman, ther sih ofonôn scal.

IV, 5, 1 hiar scal man zellen.

2. Scal mit prophetischer Hindeutung auf die Zukunft, wobei das, was geschehen wird, als durch den Zwang der göttlichen Schickung bedingt gedacht wird. Also nicht rein futurisch.

a. Erste Person.

I, 5, 22 muater . . . scalt thû unesan eina.

I, 5, 23 thû scalt beran einan (paries filium). (Luc. 1, 31).

I, 10, 20 thû bist forasaga sîn, thû scalt druhtine rihten wega sîne (Luc. 1, 76 praeibis parare vias eius).

II, 7, 37 Petrus scalt thû heizen. Auch III, 12, 31; IV, 7, 8; V, 18, 26.

b. Dritte Person.

I, 4, 30 Johannes scal er heizan (Luc. 1, 13 vocabis nomen eius).

I, 5, 51 er scal sînen drûton thrâto gimuntôn.

II, 8, 22 mit gotkundlîchên rachôn scal man sulih machôn.

II, 14, 75 joh scal ouh Krist heizan.

III, 15, 5 mih scal man gifâhan.

IV, 7, 32 thaz êr ni ward io sulîh fal, ouh iamer werdan ni scal (qualis non fuit . . . neque fiet Mt. 24, 21).

I, 20, 4 wio egislîh iz wesan scal.

c. Pluralis.

I, 12, 17 wio ir nan sculut findan.

I, 23, 23 berga sculun suînan (omnis mons humiliabitur).

3. willu. Dieses Hilfsverb kommt öfters vor, besonders in erster Person, ein Gebrauch, den die Uebersetzungen nicht aufweisen.

III, 12, 31 nu willu ih thir giheizan.

III, 12, 37 thir willu ih geban (tibi dabo Mt. 16, 19).

III, 12, 42 ni will ih themo ouh widorôn.

3

IV, 1, 5 nu will ih scrîban frammort.

IV, 23, 35 ni wildu sprechan zi mir? (mihi non loqueris Joh. 19, 10).

V, 17, 3 wil thû thaz rîchi ersezan? (restitues regnum Israel Act. ap. 1, 6).

I, 5, 52 then altan satanâsan uuilit er gifâhan.

IV, 13, 54 wir wollen thih in werien.

V, 20, 29 = Subj. in indir. Rede: quad sie thaz ni woltîn.

4. muaz.

IV, 4, 74 ni muaz si thîhan wanne fora themo selben manne.

V, 14, 17 thia zessa drat ih untar fuaz, si furdir darôn mir ni muaz = sie kann, darf, wird mir nicht schaden.

5. eigun.

V, 19, 2 zi sorganne eigun wir, ist nicht rein futurisch wie in Dkm. 56, 97 alle man ci arstandanne eigun, sondern bedeutet: wir müssen, sind unter der Notwendigkeit zu sorgen. (Vgl. unter Weis. Cat., auch Grimm Gram. IV, 178.)

V. Gebrauch von queman = zukünftig sein.

II, 14, 62 quement noh thio zîti.

II, 14, 67 thoh quimit noh thera zîti frist.

II, 22, 30 iu biquimit thaz andaraz allaz (haec omnia adjicientur vobis Mt. 6, 33).

    kunftig = venturus.

I, 27, 23 oba thû Helias bist, ther uns kunftiger ist.

III, 6, 52 ther kunftig hera in worolt ist.

Vgl. IV, 7, 8 sage uns wio thû queman scalt.

Die vorhergehenden Beispiele sind alle unabhängige Sätze und der Modus Indicativ. In abhängigen Sätzen, wo der Zeitpunkt in die Zukunft fällt, tritt anstatt des Conjunctivs der Indicativ oft überraschend auf. Wo der Conjunctiv steht, ist der Zeitpunkt unbestimmt gelassen.

III, 13, 40 hiar stantent sume, thie tôthes ni korônt. Auch in indirecter Rede.

V, 20, 4 in sagete . . . wio egislîh iz wesan scal.

Diese Belege genügen vollständig, Otfrids Gebrauch klar zu machen. Sie zeigen, dass die drei lateinischen Zeitstufen ihm geläufig waren, obwohl er in den meisten Fällen die Zukunft nicht besonders zu bezeichnen versuchte. Unter den verschiedenen Arten der Umschreibung hat er scal mit Vorliebe angewendet. Willu tritt öfters auf als futurisches Hilfsverbum, eine Erscheinung, die wir in der Uebersetzungsliteratur nicht finden. Auch muaz kommt vereinzelt vor mit Hindeutung auf die Zukunft.

Notker's Boethius.

Obgleich die notkerischen Uebersetzungen nicht in den Zeitraum fallen, welcher in dieser Untersuchung berücksichtigt werden sollte, so ist doch ein kurzer Ueberblick von Notker's Gebrauch betreffs des Futurums am Platze. Diesen Ueberblick kann man an seinem Boethius genügend bekommen. (Vgl. Wunderlich Beiträge zur Syntax des notkerischen Boethius S. 96).

1. Wie bei den Schriftstellern des vorigen Jahrhunderts erhebt Notker in der Regel einen auf die Zukunft bezüglichen Vorgang zur Gegenwart.

21^b.36 Er behuget sih (recordabitur).

54^b 12 ih tuon dir stata ze sprechenne = dabimus locum dicendi.

89^b 31 Tanne mîdet (pudebit) er sih.

Andere Beispiele befinden sich 119^a 5; 142^a 25; 150^b 20; 190^b 17; 200^b 29; u. s. w.

II. Umschreibungen.

1. scal besonders im Fragesatze.

30^b 29 sol ih is lougenen?

31ᵃ 8 sol ih taz fure unreht haben? = nefas vocabo.

51ᵇ 23 sol mih stata getuon? (alligabit).

164ᵇ 12 hier sol ih kestatôn.

222ᵃ 2 diu geskehen sulen = quae futura sunt.

223ᵃ 33 uuanda siu geskehen sulen = quoniam sunt eventura.

·153ᵃ 22 taz tû so sagên soltist = id te dicturam.

29ᵃ 2 hat das Particip präsentis sulender für das lateinische Futurparticip. Sonst ist diese Construction durch das Präsens übersetzt.

104ᵃ 27 sie trûuuent salda geuuinnen = putant adepturos beatitudinem.

173ᵇ 35 sih uuânent salda guinnen (adepturos).

108ᵃ 6 hat das Passivum mit uuerdan: sâhin sie sih eruuasken uuerden (se deposituros).

2. muoz. Zwei Beispiele.

87ᵇ 2 so muoz iomannolîh keuago sîn = erit quisque contentus.

119ᵃ 10 so muost tû flehôn den gebenten = danti supplicabis. Hier ist der Begriff der Notwendigkeit schon im Original.

3. mag.

72ᵃ 19 tir nemag tiu fortuna das nicht kegeban = numquam faciet.

221ᵇ 5 nemag iz nicht heizen guissiu uuizentheit = non erit firma praescientia futuri.

175ᵃ 22 mit Conj.: der ne mahti guot heizen (vocabitur).

4. will. Ein Beispiel im Conjunctiv.

19ᵇ 5 uuaz si tuon uuolti = quid esset actura.

Resultat: Notker weicht im Wesentlichen vom Gebrauch des 9ten Jahrhunderts nicht ab. Besonders bemerkenswert ist nur seine freiere Anwendung der Hilfsverba mit rein futurischem Sinn.

Die allgemeinen Resultate dieser Untersuchungen lassen sich in wenigen Sätzen zusammenfassen. Das Präsens des Indicativs herrscht überall auf dem althochdeutschen Gebiet zur Bezeichnung des fehlenden Futurums vor, ein Gebrauch, der im Mhd. allgemein ist, und auch im Nhd. kräftig fortlebt.

Dass dieses futurische Präsens in der Regel Indicativ ist, führt zu der Frage, ob die Germanen die Zukunft als unvermeidlich bestimmt auffassten, und nur durch den Modus der Wirklichkeit ausdrückbar. Vergleiche die vielen Beispiele in Otfrid, wo in abhängigen Sätzen der Indicativ plötzlich auftaucht. Dieser psychologische Vorgang ist wohl möglich. (Vgl. Erdmann).

Futurische Umschreibungen durch das Präsens eines Hilfsverbums, die schon im Gotischen vorkommen, greifen immer mehr um sich. Die Grundbedeutungen dieser Verba blicken anfangs immer durch, und nur zwei, sollen und wollen, gehen vollständig in die reine Zukunftsbezeichnung über.

Sollen, schon im Gotischen vorhanden, tritt in allen den grösseren Denkmälern auf. Tatian zeigt nur drei Beispiele, und nur eins davon ist rein futurisch. Im Isidor ist diese Erscheinung häufiger, bei Otfrid und Notker eine gewöhnliche Anwendung. Nach Grimm ist sollen die organische und beste Umschreibung.

Wollen als Zukunftsumschreibung kommt in der Uebersetzungsliteratur des 8. und 9. Jahrhunderts nicht vor. Erst bei Otfrid und Notker ist die Construction vollständig ausgebildet. Es ist zu merken, dass dieser Gebrauch gewöhnlich auf die erste Person beschränkt ist, denn nur der, welcher von sich selbst redet, ist seines Willens so gewiss, dass er von seinem Entschluss als einer zukünftigen Handlung sprechen kann. (Grimm S. 181).

Müssen. Vereinzelte Beispiele nur bei Otfrid
und Notker. Die Bedeutung der Notwendigkeit ist
merklich.

Mögen. Ein Beispiel bei Tatian und drei bei
Notker. Grundbedeutung klar zu sehen.

Eigun mit dem Infinitiv (franz. parler-ai). Diese
im Gotischen geläufige Umschreibung ist im Ahd. in
das Particip. Präsentis mit zi ausgeartet, z. B. zi sorganne eigun wir. Ein Beleg in dem Weis. Cat. und
einer in Otfrid. (Vgl. Grimm 178).

Werden mit dem Particip Präsentis. Diese
Umschreibung, die im Nhd. häufig vorkommt, und sich
bis ins 17te Jahrhundert verfolgen lässt, ist im Ahd.
wenig ausgebildet. Die zwei Beispiele im Tatian schei-
nen die einzigen zu sein. Das Particip ist prädicativ.
du wirdist swîgenti heisst : du wirst ein Schweigender.

Werden mit dem Infinitiv lässt sich in der
althochdeutschen Periode nicht nachweisen, sondern
tritt zuerst im 13ten Jahrhundert auf. Was ist die
Vorgeschichte dieser Construction, die auf hochdeut-
schem Boden allmählich alle anderen Futurumschreibungen verdrängt hat? In der älteren Zeit hat werden
nur passivische Anwendung. Grimm wirft die Frage
auf, ob vielleicht diese passivische Umschreibung nicht
Anlass zum Gebrauch von werden als Hilfsverb der
Zukunft gegeben hat. Er meint, von wird gegeben
= dabitur geriet die Sprache darauf den Infinitiv für
das Particip Präteriti Passivi zu setzen, und wir
haben wird geben = dabit. Diese Erklärung ist nicht
stichhaltig. Der Schritt vom Passivum zum Activum
würde das Particip Activum geben, also dabit =
wird gebend. Diese Form ist schon berücksichtigt
worden.

Früher herrschte die Ansicht, dass die heutige
Umschreibungsform aus dieser Construction, werden
mit dem Particip Präsentis hervorgegangen sei. Da-

gegen meint Erdmann (S. 99) dass eine Anlehnung an
die Verbindung des Infinitivs mit sein vorliegt z. B.
du bist·dich ruomen. Merkes in seiner Abhandlung
über den Infinitiv als Umschreibungsform (§ 5) schliesst
sich dieser Ansicht an. Seine Einwände gegen die
alte Meinung sind gut begründet.

Die althochdeutschen Schriftsteller sahen mit
Recht kein Bedürfniss, das lateinische Futurum Exactum ins Deutsche zu übertragen. Die neuhochdeutsche Umschreibung dieses Tempus ist eine späte Ana-
logiebildung des einfachen Futurs.

Die Theorie von Streitberg, dass die perfectiven
Composita einen Ersatz für das fehlende Futurum im
Germanischen seien, schon für das Gotische meines
Erachtens vom Autor nicht bewiesen, muss für das
Althochdeutsche mit Entschiedenheit zurückgewiesen
werden.

Vita.

Ich, Ellen Clarinda Hinsdale aus Ann Arbor, Michigan, wurde am 10. Mai 1864 in Hiram, Ohio, als die Tochter des Professors B. A. Hinsdale und seiner Frau Mary geb. Turner geboren. Nachdem ich die Seminarschule meiner Vaterstadt durchgemacht hatte, besuchte ich das Adelbert College zu Cleveland, Ohio, wo ich 1885 meinen Grad als B. A. erwarb. Die beiden folgenden Jahre war ich Lehrerin in Bridgeton N. J. und Bellevue O., und ging dann nach Europa, um die deutschen und die französische Sprache zu erlernen. Als ich 1889 nach Amerika zurückkehrte, erhielt ich eine Anstellung als Lehrerin an der High School in Joliet Illinois, wo ich drei Jahre thätig war. Das akademische Jahr 1892—93 studierte ich in Ann Arbor, der Staatsuniversität von Michigan, wo mir der Grad eines M. A. erteilt wurde. Nachdem ich auch in Ann Arbor an der High School ein Jahr unterrichtet hatte, kehrte ich im Sept. 1894 nach Europa zurück, um mein Studium der deutschen Sprache fortzusetzen. Im Wintersemester 1894—95 studierte ich in Leipzig; Ostern 1895 ging ich nach Göttingen, wo die Herren Professoren Heyne, Morsbach und Baumann mir gütigst gestatteten an ihren Vorlesungen und Uebungen teilzunehmen. Ich sage den geehrten Herren Professoren bei dieser Gelegenheit meinen tiefgefühlten herzlichen Dank für das Interesse, das sie mir stets gezeigt haben, besonders aber meinem hochverehrten Lehrer, Herrn Professor Heyne, dessen stete gütige Teilnahme an meinen deutschen Studien es mir ermöglicht hat, mein Ziel zu erreichen.